Lerntagebuch

Vocabulaire thématique

C'est la rentrée! / Das neue Schuljahr beginnt! [Unité 1 und Unité 2]	5
Ma chambre / Mein Zimmer [Unité 2]	7
Mon appartement / Meine Wohnung [Unité 2]	9
Ma famille et moi / Meine Familie und ich [Unité 3]	11
Mon animal / Mein Tier [Unité 3]	13
En classe / Im Klassenzimmer [Le français en classe 1–3]	15
Mes hobbys / Meine Hobbys [Unité 4]	17
Les jours et les mois / Die Wochentage [Unité 5] und die Monate [Unité 7]	19
Au collège / Im Collège [Unité 5]	21
Il est quelle heure? / Wie viel Uhr ist es? [Unité 5]	23
Mon emploi du temps / Mein Stundenplan [Unité 5]	25
Ma ville, mon quartier / Meine Stadt, mein Viertel [Unité 6]	27
Qu'est-ce qu'on mange? / Was essen wir? [Unité 7]	29
Mon anniversaire / Mein Geburtstag [Unité 7]	31
C'est les vacances! / Es sind Ferien! [Unité 8]	33

Les mots pour le dire

Sich vorstellen	35
Über den Wohnort Auskunft geben	35
Die Familie und den Familienalltag vorstellen	36
Das eigene Zimmer beschreiben	37
Über Hobbys und Vorlieben sprechen	38
Über die Schule sprechen	39
Andere vorstellen	40
Sich begrüßen und verabschieden	40
Sich kennenlernen	41
Sich einigen	42
Etwas gut oder schlecht finden	43
Nach dem Grund fragen / Etwas begründen	43
Sich verabreden / Etwas planen	44
Jemanden zu etwas auffordern und auf eine Aufforderung reagieren	46
Über einen Tagesablauf sprechen	46
Über einen Geburtstag sprechen	47
Über Essen und Trinken sprechen	48
Einkaufen	49
Über das Wetter sprechen	50

Mots en contexte

Unité 1 [Volets 1–3]	51
Unité 2 [Volets 1–3]	53
Unité 3 [Volets 1–4]	56
Le français en classe [1–3]	60
Unité 4 [Volets 1–3]	61
Unité 5 [Volets 1–3]	63
Unité 6 [Volets 1–3]	67
Unité 7 [Volets 1–3]	70
Unité 8 [Volets 1–2]	73

Grammaire

Die Verben	75
Das unregelmäßige Verb être [Unité 1]	77
Das unregelmäßige Verb avoir [Unité 3]	78
Die regelmäßigen Verben auf -er [Unité 1 und 2]	79
Das Verb préférer [Unité 4]	80
Das Verb appeler [Unité 4]	80
Die Verben manger und ranger [Unité 5]	81
Das Verb commencer [Unité 6]	81
Das unregelmäßige Verb faire [Unité 4]	82
Die unregelmäßigen Verben pouvoir und vouloir [Unité 4]	83
Das unregelmäßige Verb aller [Unité 5]	83
Das unregelmäßige Verb prendre [Unité 6]	84
Das regelmäßige Verb attendre [Unité 7]	84
Das futur composé [Unité 5]	85
Der bestimmte und der unbestimmte Artikel [Unité 1 und Unité 2]	86
Der zusammengezogene Artikel mit de [Unité 4]	86
Der zusammengezogene Artikel mit der Präposition à [Unité 5]	87
Mengenangaben mit de [Unité 7]	87
Die Possessivbegleiter mon, ton, son … [Unité 3 und Unité 5]	88
Das Adjektiv [Unité 3]	90
Die Adjektive bon und nul [Unité 5]	90
Die direkten Objektpronomen me, te, le, la, nous, vous, les [Unité 7]	91
Die Intonationsfrage [Unité 1]	92
Die Frage mit nachgestelltem Fragewort [Unité 1]	92
Die Frage mit qu'est-ce que [Unité 2]	92
Die Frage mit où [Unité 2] und die Frage mit qui [Unité 3]	93
Die Frage mit est-ce que [Unité 4]	93
Die Frage mit Fragewort und est-ce que [Unité 5]	93
Der Nebensatz mit quand [Unité 8]	94
Der Relativsatz mit où [Unité 8]	94
Zeichen und Akzente im Französischen	95

Salut! Ich heiße Filou und stelle dir das Lerntagebuch vor. Mit diesem Heft kannst du
- nach und nach Wortschatz, wichtige Redewendungen und Grammatik sammeln
- und außerdem überprüfen, was du schon kannst.

Vocabulaire thématique

>>> In diesem Kapitel sammelst du den Wortschatz, der zu einem bestimmten Thema passt. Erst schreibst du die einzelnen Vokabeln auf. Dann übst du ihre Verwendung in einem Lückentext.
Außerdem findest du hier Platz für deinen persönlichen Wortschatz. In deinem Text fehlt dir zum Beispiel das französische Wort für „Konzert": Du schlägst es nach und trägst es hier ein.
Die Themen in diesem Kapitel sind nach den Unités von **À plus! 1** sortiert.

Les mots pour le dire

>>> Hier überprüfst du, ob du die Redemittel, die du in **À plus! 1** gelernt hast und für Rollenspiele benötigst, gut beherrschst. Wenn du dir bei den französischen Sätzen nicht sicher bist, kannst du in deinem Vokabeltaschenbuch auf S. 114–121 nachschauen.

Mots en contexte

>>> Hier übst du Vokabeln im Satzzusammenhang. Immer wenn du eine Unité im Buch abgeschlossen hast, füllst du die passenden Seiten im Lerntagebuch aus. Mit Hilfe der rechten Spalte der Vokabelliste von **À plus! 1** (S. 180–223) überprüfst du deine Ergebnisse.

Grammaire

>>> Dieses Kapitel ist deine ganz persönliche Grammatik zum Selberschreiben.
Hier ergänzt du
- Konjugationsmuster der regelmäßigen und unregelmäßigen Verben,
- Tabellen und Regeln zu den wichtigsten Grammatikthemen von **À plus! 1**.
Immer wenn du ein neues Grammatikthema kennengelernt hast, suchst du dir in diesem Heft die passende Seite heraus und füllst sie aus.

Am Ende des Schuljahres hast du ein Nachschlagewerk, an dem du selbst mitgearbeitet hast.
Du trennst die Seiten deines Lerntagebuches heraus und heftest sie ab. So kannst du auch im nächsten Schuljahr hier nachschlagen, wenn du mal etwas vergessen hast.

Alles klar? Dann können wir ja loslegen.
Viel Spaß mit deinem Lerntagebuch!

Vocabulaire thématique

C'est la rentrée! / Das neue Schuljahr beginnt! [Unité 1 und Unité 2]

>>> Schreibe die französischen Übersetzungen der Wörter und Sätze auf.

1. die Schule = ...
2. der Hof = ...
3. der Schüler = ...
4. die Schülerin = ...
5. die Schüler / die Schülerinnen = ...
6. der Lehrer = ...
7. die Lehrerin = ...
8. der Französischlehrer = ...
9. die (männliche) Aufsichtsperson = ...
10. die (weibliche) Aufsichtsperson = ...
11. die Klasse = ...
12. die Pause = ...
13. der Junge = ...
14. das Mädchen = ...
15. der Schulanfang = ...
16. Wer ist das? = ...
17. Ich heiße Noah. Und du? = ...

Paul stellt sich vor und spricht über seinen ersten Schultag nach den Ferien. Vervollständige den Text. Die Zahlen in Klammern geben dir Hinweise.

Salut! Moi, c'est Paul. Voilà l'... [1] «Marie Curie» à Paris.

C'est la rentrée: les .... [5] sont dans la .... [2].

Voilà Laura. Elle est en cinquième. Moi, je suis en sixième. Et voilà Julien et Alexandre,

ils sont dans la .... [11] de Laura.

Voilà Monsieur Ledoux, le .... [8].

Et voilà … C'est qui? Ah, c'est Emma. Elle est la .... [10].

Diese Wörter kannst du in deinem Schulalltag verwenden. Schreibe die deutschen Übersetzungen der Wörter auf. Du kannst auch noch andere Wörter in einem (Online-)Wörterbuch nachschlagen und sie hier aufschreiben.

la table = ...

la chaise = ...

un ordinateur = ...

le livre = ...

le globe = ...

les devoirs = ...

.... = ...

.... = ...

.... = ...

.... = ...

.... = ...

.... = ...

Vocabulaire thématique

Ma chambre / Mein Zimmer [Unité 2]

>>> Schreibe die französischen Übersetzungen der Wörter auf.

1. das Zimmer = ...
2. ein Schrank = ...
3. das Bett = ...
4. der Tisch = ...
5. der Schreibtisch [Unité 3] = ...
6. der Stuhl = ...
7. ein Regal = ...
8. das Buch = ...
9. die Figur = ...
10. das Poster = ...
11. die Gitarre = ...
12. ein Computer = ...
13. die Sammlung = ...
14. das Foto = ...
15. die Lampe = ...
16. die Mini-Stereoanlage = ...
17. die CD = ...
18. der Schlüssel = ...
19. die DVD [Unité 4] = ...
20. der Comic = ...
21. das Handy [Unité 7] = ...
22. das Manga [Unité 7] = ...

▶▶▶ Tarik stellt sein Zimmer vor. Vervollständige den Text mit den passenden Wörtern. Die Zahlen in Klammern geben dir Hinweise.

Voilà ma chambre : à droite, il y a une .... [2] et un .... [3].

À gauche, il y a une .... [4] et une .... [7]

avec une .... [13] de bédés.

Sur la table, il y a un .... [12] et une .... [15].

Et qu'est-ce qu'il y a encore ?

Ah oui, une .... [16] et une .... [11].

Je suis souvent[1] sur le lit. Là, je rêve, j'écoute des .... [17] et je regarde des

.... [20].

[1] souvent oft

Mon vocabulaire personnel

▶▶▶ Wie sieht dein Zimmer aus? Was gibt es dort alles? Welche Wörter brauchst du, um dein Zimmer zu beschreiben? Schlage in einem (Online-)Wörterbuch nach und schreibe die Wörter hier auf.

die Spielkonsole = ...   der Fernseher = ...

.... = ...

.... = ...

.... = ...

.... = ...

.... = ...

▶▶▶ Beschreibe nun dein Zimmer. Du kannst auch dein Traumzimmer oder auch dein „Albtraumzimmer" vorstellen! Schreibe den Text auf ein Extrablatt.

Ma chambre, c'est super ! Il y a …

Ma chambre, c'est l'horreur ! Il y a …

Vocabulaire thématique

Mon appartement / Meine Wohnung [Unité 2]

>>> Schreibe die französischen Übersetzungen der Wörter auf.

1. eine Wohnung = ...

2. mein Zimmer = ...

3. das Wohnzimmer = ...

4. der Fernseher = ...

5. die Fernbedienung = ...

6. das Badezimmer = ...

7. die Küche = ...

8. der Flur = ...

9. der Wandschrank = ...

10. die Toilette [Unité 5] = ...

11. der Tisch = ...

Clara beschreibt die Wohnung ihres Austauschschülers Tim. Vervollständige den Text. Die Zahlen in Klammern geben dir Hinweise.

Voilà l' _____ [1] de Tim. À gauche, il y a la _____ [7],

la _____ [6] et la _____ [3].

Là, on regarde la _____ [4]. Je cherche la _____ [5].

Ah, elle est sur la _____ [11]! À droite, il y a les chambres. La _____ [2]

de Tim est entre la chambre de M. et Mme Baum et la chambre de Lisa, la sœur[1] de Tim.

1 la sœur die Schwester

Mon vocabulaire personnel

>>> Welche Zimmer gibt es in deiner Wohnung? Oder wohnst du in einem Haus? Welche Wörter brauchst du, um eure Wohnung / euer Haus zu beschreiben? Schlage in einem (Online-)Wörterbuch nach und schreibe die Wörter hier auf.

der Balkon = _____   das Haus = _____

der Garten = _____

_____ = _____

_____ = _____

_____ = _____

_____ = _____

>>> Beschreibe nun deine Wohnung / dein Haus. Du kannst auch eine Traumwohnung oder ein Traumhaus erfinden.

Dans ma maison de rêve / Dans mon appartement de rêve, il y a

Ma maison de rêve

Mon appartement de rêve

Vocabulaire thématique

Ma famille et moi / Meine Familie und ich [Unité 3]

>>> Schreibe die französischen Übersetzungen der Wörter auf.

1. die Familie = ...
2. der Großvater = ...
3. die Großmutter = ...
4. die Großeltern = ...
5. die Urgroßmutter = ...
6. der Vater = ...
7. die Mutter = ...
8. die Eltern = ...
9. der Onkel = ...
10. die Tante = ...
11. der Sohn = ...
12. die Tochter = ...
13. der Cousin = ...
14. die Cousine = ...
15. das Kind = ...
16. die Geschwister = ...
17. der Bruder = ...
18. die Schwester = ...

>>> Zoé stellt ihre Familie vor. Vervollständige den Text. Die Zahlen in Klammern geben dir Hinweise.

Moi, c'est Zoé. J'ai 12 ans. Et voilà ma _____ [1]:

Ma _____ [7] s'appelle Élise et mon _____ [6]

Antoine. Mes _____ [4] s'appellent Sylvie et Pierre. Ce sont

les _____ [8] de ma mère. La mère de mon père, ma

_____ [3], s'appelle Catherine. J'ai une _____ [18]

et un _____ [17]: Claire (14 ans) et Rémy (8 ans). J'ai aussi une

_____ [5], elle s'appelle Colette et elle a 85 ans.

Stéphanie, c'est ma _____ [10]. Sa _____ [12] s'appelle

Louise: c'est ma _____ [14]. Mon _____ [9] s'appelle

Romain et il a un _____ [11]: c'est mon _____ [13] Alexis.

Mon vocabulaire personnel

>>> Was kannst du über deine Familie sagen? Brauchst du noch andere Wörter, um deine Familie vorzustellen? Suche sie in einem (Online-)Wörterbuch. Schreibe die Wörter hier auf.

mein Halbbruder = _____

_____ = _____

_____ = _____

_____ = _____

>>> Stelle nun deine Familie vor. Schreibe den Text auf ein Blatt, das du dann abheften kannst. Du kannst auch einen Stammbaum dazu zeichnen.

Du kannst auch eine Fantasiefamilie erfinden.

Ma famille imaginaire[1]

1 la famille imaginaire die Fantasiefamilie

Vocabulaire thématique

Mon animal / Mein Tier [Unité 3]

>>> Schreibe die französischen Bezeichnungen für die Tiere auf, die du schon kennst. Die übrigen Tiere, die mit einem Sternchen (*) gekennzeichnet sind, findest du in der ▶ Banque de mots im Buch auf S. 178.

1. ein Tier = ...

2. der Hund = ...

3. die Katze = ...

4. das Meerschweinchen = ...

5. der Wellensittich = ...

6. das Pferd* = ...

7. der Kanarienvogel* = ...

8. die Maus* = ...

9. die Schildkröte = ...

10. der Hamster = ...

11. der Fisch = ...

12. die Schlange* = ...

13. die Spinne* = ...

14. der Papagei* = ...

15. das Kaninchen = ...

>>> Löse das Kreuzworträtsel. Die Buchstaben in den gelben Kästchen ergeben das Lösungswort.

Lösungswort: un _____

>>> Schreibe einen Steckbrief für dein Haustier. Du kannst auch ein Tier auswählen, das du gerne hättest. Fehlt dir noch eine Bezeichnung für ein anderes Tier? Dann suche sie in einem (Online-)Wörterbuch.

Mon animal

C'est un/e

....

Il/Elle s'appelle

....

Il/Elle a

.... an/s.

Il/Elle est

....

Klebe hier ein Foto von deinem Haustier auf.

Vocabulaire thématique

En classe / Im Klassenzimmer [Le français en classe 1–3]

>>> Schreibe die französischen Übersetzungen der Wörter auf.

1. die Tafel = ... 2. die Tür = ...

3. das Fenster = ... 4. das Heft = ...

5. der Text = ... 6. das Wort = ...

7. der Satz = ... 8. die Frage = ...

9. die Aufgabe = ... 10. der Bleistift = ...

11. der Ordner = ... 12. der Buntstift = ...

13. der Radiergummi = ... 14. das Papier = ...

15. der Kugelschreiber = ...

16. Wie schreibt man „crayon"? = ...

17. Können Sie das wiederholen? = ...

18. Ich verstehe (es) nicht. = ...

19. Ich habe meine Hausaufgaben nicht. = ...

>>> In diesem Buchstabengitter sind neun Wörter zum Thema *En classe* versteckt. Finde sie wieder und kreise sie ein.

G	E	R	Q	U	E	S	T	I	O	N	A	R	C	I	N
I	F	R	A	D	J	Q	T	E	X	T	E	W	A	H	P
A	F	R	É	P	O	N	S	E	M	B	A	Z	H	F	P
N	A	S	T	P	U	S	A	Y	I	P	D	H	I	N	H
N	C	R	A	Y	O	N	D	E	C	O	U	L	E	U	R
O	E	M	Z	S	R	N	U	L	A	R	A	U	R	X	A
P	U	R	O	C	M	L	S	V	G	T	G	F	U	C	S
E	R	V	E	P	A	P	I	E	R	E	D	P	J	B	E

>>> Die Klasse 6A hat Französischunterricht. Vervollständige den Text. Die Zahlen in Klammern geben dir Hinweise.

Monsieur Martin: «Tout le monde est là?

Alors ouvrez le livre, lisez

l'.................................. [9]. Écrivez:

À Strasbourg, il y a le Parlement européen ...»

Loïc cherche son .... [4],

Antonin cherche son .... [15].

Antonin: «Loïc, tu as un .... [15]?»

Loïc: «Non, mais j'ai un .... [10].»

M. Martin: «Qu'est-ce qu'il y a? Loïc et Antonin, vous avez une .... [8]?»

Antonin: «Je ne comprends pas le .... [6] ‹parlement›. Qu'est-ce que ça veut dire?»

Loïc: «‹Parlement européen›, c'est ‹Europäisches Parlament› en allemand.»

M. Martin: «Merci, Loïc. Alors, regardez le .... [1]: En France, il y a ...»

Vocabulaire thématique

Mes hobbys / Meine Hobbys   [Unité 4]

>>> Schreibe die französischen Übersetzungen der Wörter und Sätze auf.

1. eine Freizeitaktivität = ... 2. der Sport = ...

3. die Leichtathletik = ... 4. Tennis = ...

5. Fußball = ...

6. im Internet surfen [Unité 3] = ...

7. die Musik = ... 8. das Schlagzeug = ...

9. das Zeichnen = ... 10. das Theater = ...

11. die Natur = ... 12. das Lesen = ...

13. das Kino = ... 14. singen [Unité 2] = ...

15. tanzen = ... 16. Ski fahren = ...

17. Gitarre spielen = ...

18. Rad fahren = ...

19. Ich mag Rudern. = ...

20. Ich mag Rockmusik. = ...

>>> Lucas erzählt, was er am liebsten in seiner Freizeit macht und was er gerne mag. Vervollständige den Text. Die Zahlen in den Klammern geben dir Hinweise. Achte bei den Nomen auf den richtigen Artikel.

Bonjour! Je m'appelle Luc et j'ai douze ans. Mon hobby, c'est .... [7].

J'adore .... [20]! Je .... [17] et je

.... [14] dans un groupe. J'aime aussi .... [11]

mais je n'aime pas les week-ends en famille. Je préfère .... [18]

avec mes amis.

Mon vocabulaire personnel

>>> Was machst du in deiner Freizeit? Hast du Hobbys? Welche Wörter brauchst du, um zu sagen, was du magst oder was du nicht magst? Dazu findest du eine Liste mit weiteren Freizeitaktivitäten in der ▶ Banque de mots im Buch, S. 178. Du kannst auch in einem (Online-)Wörterbuch nachschauen.

.... Tischtennis .... = ...

.... = ...

.... = ...

.... = ...

.... = ...

.... = ...

>>> Schreibe nun über deine Hobbys. Was magst du gerne und was nicht?

18

Vocabulaire thématique

Les jours et les mois / Die Wochentage [Unité 5] und die Monate [Unité 7]

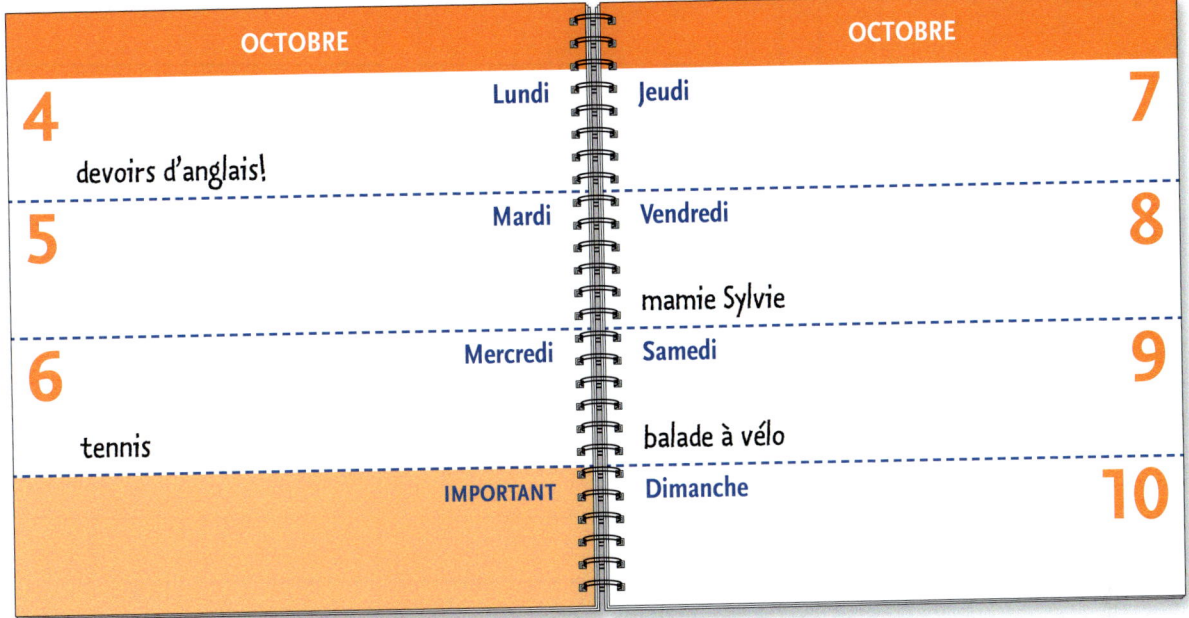

>>> Schreibe die französischen Bezeichnungen in den Kalender unten.

Die Wochentage [Unité 5]	
	Montag
	Dienstag
	Mittwoch
	Donnerstag
	Freitag
	Samstag
	Sonntag

Die Monate [Unité 7]	
	Januar
	Februar
	März
	April
	Mai
	Juni
	Juli
	August
	September
	Oktober
	November
	Dezember

>>> Hier kannst du deinen eigenen Geburtstagskalender gestalten! Ergänze die Monatsnamen auf Französisch und trage die Geburtstage deiner Freunde und Verwandten ein. [Unité 7]

Vocabulaire thématique

Au collège / Im Collège [Unité 5]

>>> Schreibe die französischen Übersetzungen der Wörter auf.

1. das Klassenzimmer = ...

2. das Lehrerzimmer = ...

3. der Aufenthaltsraum = ...

4. das Sekretariat = ...   5. die Schulbibliothek = ...

6. die Dokumentalistin = ...   7. die Kantine = ...

8. die Turnhalle = ...   9. die Toiletten = ...

10. die Krankenstation = ...   11. die Krankenpflegerin = ...

12. das Collège = ...   13. der Hof [Unité 1] = ...

14. der Tag der offenen Tür = ...

▶▶▶ Yasmina erzählt, was es in ihrer Schule alles gibt. Vervollständige den Text. Achte darauf, ob du den bestimmten, den unbestimmten oder keinen Artikel verwenden musst!

Voilà mon .... [12]! C'est .... [12] «Victor Hugo»

à Marseille. Il y a treize .... [1], une ....

.... [2] et un .... [4].

J'aime .... [5] parce que j'adore regarder des bédés.

Et j'aime aussi .... [8]: j'adore le sport! À midi, on mange à

.... [7]. Le jeudi, il y a toujours des spaghettis! C'est super!

Mon vocabulaire personnel

▶▶▶ Wie heißt deine Schule? Was gibt es dort? Welchen Ort magst du am liebsten? Brauchst du noch andere Wörter? Schlage sie in einem (Online-)Wörterbuch nach und schreibe sie hier auf.

.... der Sportplatz .... = ...

.... = ...

.... = ...

.... = ...

.... = ...

.... = ...

▶▶▶ Stelle nun deine Schule vor. Du kannst dich an dem Beispieltext oben orientieren.

Vocabulaire thématique

Il est quelle heure? / Wie viel Uhr ist es? [Unité 5]

>>> Il est quelle heure? / Wie viel Uhr ist es? Verbinde die Uhren mit den passenden Uhrzeiten.

Il est cinq heures vingt-cinq.

Il est sept heures moins le quart.

Il est dix heures.

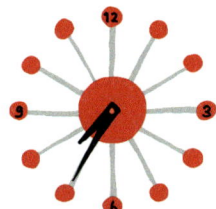

Il est neuf heures.

Il est sept heures et quart.

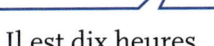

Il est quatre heures cinq.

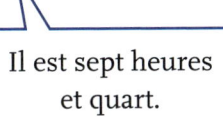

Il est midi dix.

Il est six heures et demie.

Il est huit heures moins vingt-cinq.

Il est huit heures moins vingt.

Vocabulaire thématique

Mon emploi du temps / Mein Stundenplan   [Unité 5]

	LUNDI	MARDI	MERCREDI	JEUDI	VENDREDI
8 h	français	maths	français		EPS
9 h	musique	maths	arts plastiques[1]	allemand	EPS
10 h 15	anglais	français	CDI	maths	allemand
11 h 15	EPS		physique	EPS	maths
12 h 15	cantine	cantine		cantine	cantine
14 h	histoire-géo[2]	histoire-géo		permanence	SVT
15 h	physique	allemand		français	SVT
16 h	français			SVT	

>>> Schreibe die französischen Bezeichnungen für die Unterrichtsfächer auf, die du schon kennst.
Achtung: Im Französischen schreibt man die Unterrichtsfächer mit dem bestimmten Artikel!

Mathematik = les ....

Französisch = ...

Englisch = ...

Deutsch = ...

Musik = ...

Biologie = ...

Sport = ...

das Schulfach = ...

der Stundenplan = ...

die Kantine = ...

der Aufenthaltsraum = ...

Ich habe keinen Unterricht. = ...

1 les arts plastiques *m. pl.* Kunst *(als Schulfach)* 2 l'histoire-géo *f. fam.* Schulfach, etwa Geschichte-Erdkunde

Mon vocabulaire personnel

>>> Hier kannst du deinen Stundenplan auf Französisch eintragen! Wenn du noch weitere Unterrichtsfächer auf Französisch benötigst, schaue in einem (Online-)Wörterbuch nach.

LUNDI	MARDI	MERCREDI	JEUDI	VENDREDI

>>> Was sind deine Lieblingsfächer? Und welche Fächer magst du nicht so gerne? (Denke daran, den bestimmten Artikel zu verwenden, z. B. *J'aime les maths*.)

Ma matière préférée, c'est _____ parce que/qu' _____

Je n'aime pas _____ parce que/qu' _____

J'aime _____ parce que/qu' _____

Vocabulaire thématique

Ma ville, mon quartier / Meine Stadt, mein Viertel [Unité 6]

>>> Schreibe die französischen Übersetzungen der Wörter auf.

1. die Stadt = ...
2. das Viertel = ...
3. das Dorf = ...
4. die Straße [Unité 3] = ...
5. die Kathedrale = ...
6. der Park = ...
7. das Geschäft = ...
8. das Café = ...
9. der Supermarkt = ...
10. die Bäckerei = ...
11. das Einkaufszentrum = ...
12. das Schwimmbad = ...
13. das Stadion = ...
14. das Kino [Unité 4] = ...
15. das Theater [Unité 4] = ...
16. das Museum [Unité 5] = ...
17. das Stadtzentrum [Unité 5] = ...
18. die Buchhandlung [Unité 7] = ...

>>> Benjamin stellt seinen Wohnort vor. Vervollständige den Text. Die Zahlen in Klammern geben dir Hinweise.

J'habite à Courbevoie. C'est près de Paris. Et qu'est-ce qu'il y a à Courbevoie?

Il y a un .... [6], un .... [9],

un .... [13]. Et il y a aussi une .... [12],

une .... [5] et des .... [7].

Qu'est-ce qu'il y a entre la .... [10] et le .... [8]?

C'est le .... «Odéon» [14]! Et toi, tu habites où?

Mon vocabulaire personnel

>>> Was gibt es in deinem Viertel, deinem Dorf, deiner Stadt? In der ▶ Banque de mots im Buch, S. 179, findest du noch andere Wörter, um deine Umgebung zu beschreiben. Weitere Wörter kannst du in einem (Online-)Wörterbuch nachschlagen.

die Kirche = ...   das Hotel = ...

.... = ... = ...

.... = ...

.... = ...

.... = ...

.... = ...

.... = ...

.... = ...

.... = ...

.... = ...

.... = ...

>>> Stelle nun deinen Wohnort vor. Schreibe den Text auf ein Blatt, das du dann abheften kannst.

Vocabulaire thématique

Qu'est-ce qu'on mange? / Was essen wir? [Unité 7]

▶▶▶ Schreibe die französischen Wörter für die Nahrungsmittel und Getränke auf.

1. die Erdbeere = ... 2. eine Orange = ...

3. der Apfel = ... 4. die Birne = ...

5. eine Ananas = ... 6. der Obstsalat = ...

7. der Salat = ... 8. die Brezel = ...

9. die Bonbons = ... 10. die Butter = ...

11. ein Ei = ... 12. das Mehl = ... 13. die Milch = ...

14. der Zucker = ... 15. eine Flasche Wasser = ...

16. eine Packung Kartoffelchips = ...

17. ein Kilo Tomaten = ... 18. die Kekse [Unité 2] = ...

19. eine Tafel Schokolade = ...

20. der Fruchtsaft [Unité 3] = ...

21. die Spaghetti [Unité 5] = ... 22. der Senf [Unité 6] = ...

23. die Tomatensoße [Unité 6] = ...

24. der Kuchen [Unité 6] = ... 25. das Brot [Unité 6] = ...

Mon vocabulaire personnel

>>> Was ist dein Lieblingsessen? Welche Getränke magst du? Und was magst du überhaupt nicht? Schlage die Wörter, die du brauchst, in einem (Online-)Wörterbuch nach und schreibe sie hier auf.

.... das Eis .... = ...

.... = ...

.... = ...

.... = ...

.... = ...

.... = ...

.... = ...

>>> Erstelle eine Rangliste deines Lieblingsessens und deiner Lieblingsgetränke. Schreibe in die Tabelle, was du magst und was du nicht magst. Denke daran, den bestimmten Artikel zu verwenden, z. B. *J'aime le pain.* / *Je n'aime pas les tomates*.

	J'AIME …	JE N'AIME PAS …
1.		
2.		
3.		
4.		
5.		
6.		
7.		
8.		
9.		
10.		

Vocabulaire thématique

Mon anniversaire / Mein Geburtstag [Unité 7]

>>> Schreibe die französischen Übersetzungen der Wörter auf.

1. ein Geburtstag = ...
2. die Überraschung = ...
3. das Geschenk = ... 4. der Kuchen = [Unité 6] ....
5. die Kerze = ... 6. das Buffet = ...
7. Freunde einladen = ...
8. die Feier = ... 9. tanzen = ...
10. träumen = ... 11. singen [Unité 2] = ...
12. das Lied = ... 13. die Einladung = ...
14. ein Geschenk mitbringen = ...
15. Herzlichen Glückwunsch zum Geburtstag! = ...

>>> Valérie spricht über ihre Geburtstagsfeier. Vervollständige den Text. Die Zahlen in Klammern geben dir Hinweise. Denke daran, die Verben zu konjugieren.

Le 21 juillet, c'est mon .... [1]! Et il y a déjà treize

.... [5] sur mon gâteau! Mes copains ....

.... [14]: un DVD de «Le seigneur des anneaux»!

On .... [9] ensemble et on .... [11].

Il y a aussi un .... [6]. C'est la .... [8]!

Mon vocabulaire personnel

>>> Wann hast du Geburtstag? Wie feierst Du? Wen lädst du ein? Welche Wörter brauchst du, um über deinen Geburtstag zu sprechen? Schlage in einem (Online-)Wörterbuch nach und schreibe die Wörter hier auf.

.... die Pizza .... = ...

.... = ...

.... = ...

.... = ...

.... = ...

.... = ...

>>> Erzähle nun, was du an deinem Geburtstag machst. Du kannst dir auch etwas ausdenken.

....
....
....
....
....
....

Vocabulaire thématique

C'est les vacances! / Es sind Ferien! [Unité 8]

>>> Schreibe die französischen Übersetzungen der Wörter auf.

1. das Meer = ...
2. die Sonne = ...
3. der Strand = ...
4. die Felsbucht = ...
5. die Hängematte [Unité 2] = ...
6. schwimmen = ...
7. der Tourist / die Touristin [Unité 6] = ...
8. die Postkarte = ...
9. die Erinnerung = ...
10. die Pyrenäen = ...
11. der Berg [Unité 4] = ...
12. die Wanderung = ...
13. das Schloss = ...
14. der See = ...
15. das Zelt = ...
16. zelten = ...
17. der Ferienkurs = ...

>>> Pauline schreibt ihrer Freundin Sylvie eine Postkarte aus dem Urlaub. Vervollständige den Text. Die Zahlen in Klammern geben dir Hinweise.

Salut, Sylvie! Comment ça va? On fait du camping dans

les _____ [10]. Il y a un _____ [14]

juste devant notre _____ [15]. C'est génial,

on peut _____ [6]! Demain, on va faire une

_____ [12]. Mon frère est chez notre

grand-mère à Nice, il adore _____ [1].

Mais moi, je préfère _____ [11]!

À bientôt! Pauline

Mlle Sylvie Fabre
10, rue du musée
6700 Strasbourg

Mon vocabulaire personnel

>>> Was wirst du in den nächsten Ferien machen? Welche Wörter brauchst du, um über deinen Traumurlaub zu sprechen? Schlage in einem (Online-)Wörterbuch nach und schreibe die Wörter hier auf.

eine Insel = _____   _____ = _____

_____ = _____

_____ = _____   _____ = _____

_____ = _____

>>> Erzähle nun, was du in den nächsten Ferien machen wirst. Du kannst auch deinen Traumurlaub beschreiben.

Mes vacances de rêve

34

Les mots pour le dire

>>> Die französischen Sätze findest du in deinem Vokabeltaschenbuch auf S. 114–121.

Sich vorstellen

>>> Hier sollst du *dich* vorstellen. Du kannst also deinen Namen einsetzen und sagen, in welcher Klasse du bist, usw.

[Unité 1]

Je m'appelle .... = Ich heiße (Lukas).

Moi, c'est (Jade). Et toi? .... = ...

.... = Ich bin aus (Berlin).

Je suis en sixième/cinquième. .... = ...

.... = Ich bin (Yasmines) Freund/Freundin.

[Unité 3]

.... = Ich bin (13) Jahre alt.

Über den Wohnort Auskunft geben

[Unité 3]

.... = Ich wohne in Deutschland.

J'habite à Berlin. .... = ...

.... Ich wohne in der Goethestraße.

C'est près de Berlin. .... = ...

.... = Das ist ganz in der Nähe.

C'est loin. .... = ...

[Unité 6]

Le centre-ville est petit/grand. = ...

Mon quartier est près/loin du centre. = ...

C'est un peu comme dans un village. = ...

.... = Es gibt zu viele Touristen.

.... = Es gibt nicht genug Geschäfte.

Die Familie und den Familienalltag vorstellen

[Unité 3]

Voilà ma famille. = ...

.... = Das ist mein Vater.

.... = Das ist meine Mutter.

Ce sont mes grands-parents. = ...

.... = Ich habe einen Bruder.

.... = Ich habe eine Schwester.

Je n'ai pas de frères et sœurs. = ...

Avec ma sœur, on rigole bien. = ...

Les mots pour le dire

.... = Ich habe eine Katze.

Je n'ai pas d'animal. = ...

.... = Mein Vater arbeitet in Paris.

Mes parents sont ensemble. = ...

.... = Meine Eltern sind getrennt.

.... = Ich wohne mit meiner Mutter zusammen, aber ich verbringe die Ferien bei meinem Vater.

Das eigene Zimmer beschreiben

[Unité 2]

Dans ma chambre, il y a une armoire, = ...

des étagères, un coin bédés. ....

.... = Es gibt auch einen Tisch mit einer Figurensammlung.

.... = Wo ist das Bett?

L'ordinateur est dans la chambre. = ...

.... = Die Lampe ist auf dem Regal.

.... = Das Buch ist unter dem Schrank.

.... = Die Hängematte ist hinter dem Bett.

La guitare est entre la télé et la lampe. = ...

.... = Wo sind die Comics?

Les livres sont sur le lit. = ...

.... = links

.... = rechts

.... = In meinem Zimmer singe ich.

Über Hobbys und Vorlieben sprechen

[Unité 4]

.... = Mein Hobby ist Tanz.

.... = Mein Lieblingssport ist Fußball.

Je fais de la musique. = ...

Et moi, je fais de l'athlétisme. = ...

J'aime la musique. = ...

.... = Ich liebe Theater.

.... = Ich singe gern.

Je préfère le cinéma. = ...

Mon truc, c'est la lecture. = ...

.... = Ich hasse Rap.

Je n'aime pas le sport. = ...

Je suis fan de ZAZ. = ...

Les mots pour le dire

Über die Schule sprechen

[Unité 5]

Voilà notre cantine. = ...

.... = Hier sind wir im Schulhof.

Au gymnase, on peut faire du sport. = ...

Ils sont comment, vos profs? = ...

Ça dépend. = ...

Je suis bonne en anglais. = ...

.... = Ich bin schlecht in Englisch.

.... = Deutsch ist mein Lieblingsfach.

J'ai cours de 8 à 10 heures. = ...

J'ai une heure d'allemand. = ...

.... = Ich habe zwei Stunden Biologie.

>>> **Hier kannst du weitere Sätze ergänzen.**

.... = ...

.... = ...

.... = ...

Andere vorstellen

[Unité 1]

Voilà Jade.	=	....
....	=	Wer ist der Junge?
....	=	Das ist Lukas.
Elle s'appelle comment?	=	....
....	=	Sie heißt Jade.
....	=	Er ist neu.
Elle est nouvelle.	=	....
Elle est dans la classe de Yasmine.	=	....
....	=	Das ist Claras Freundin.

Sich begrüßen und verabschieden

[Unité 1]

....	=	Hallo!
Bonjour!	=	....

Les mots pour le dire

Ça va? = ...

Super! / Très bien. = ...

Ça va. / Pas mal. = ...

Bof. = ...

.... = Tschüss!

.... = Auf Wiedersehen.

À demain. = ...

.... = Bis später!

[Unité 4]

Allô? *(am Telefon)* = ...

[Unité 5]

Grosses bises *(in einer E-Mail)* = ...

Sich kennenlernen

[Unité 1]

.... = Wie heißt du?

[Unité 2]

Qu'est-ce que tu fais dans ta chambre? = ...

.... = Was machst du bei dir zu Hause?

....

[Unité 3]

.... = Seid ihr / Sind Sie aus (Straßburg)? ....

Tu habites où? .... = ...

Tu as quel âge? .... = ...

.... = Hast du ein Haustier? ....

>>> **Hier kannst du weitere Sätze ergänzen.**

.... = ...

.... = ...

.... = ...

.... = ...

Sich einigen

[Unité 4]

Ça marche? .... = ...

.... = Bist du einverstanden? ....

.... = Ich auch. ....

Moi, non! .... = ...

[Unité 5]

Je suis contre. .... = ...

.... = Ich bin dafür. ....

.... = Ich bin einverstanden. ....

42

Les mots pour le dire

Etwas gut oder schlecht finden

[Unité 5]

Ah non! On ne va pas aller au musée! = ...

Oh, si! = ...

.... = Das ist nicht interessant.

C'est nul. = ...

Trop cool! = ...

.... = Gute Idee!

[Unité 8]

.... = Was für ein Glück!

Nach dem Grund fragen / Etwas begründen

[Unité 5]

.... = Warum isst du nicht in der Kantine?

Parce que je n'aime pas le poisson. = ...

Sich verabreden / Etwas planen

[Unité 4]

Qu'est-ce que tu fais ce week-end? = ...

.... = Wir können einen Ausflug machen.

.... = Ich lade dich ein.

.... = Danke, das ist nett.

C'est une super idée. = ...

.... = Ich frage meine Eltern.

Mes parents sont d'accord. = ...

On passe chez toi à dix heures. = ...

.... = Wann gehen wir nach Hause?

[Unité 5]

Qu'est-ce qu'on va faire demain? = ...

.... = Wir können eine Ralley machen.

.... = Wo gehen wir hin?

Les mots pour le dire

C'est ouvert. = ...

.... = Es ist geschlossen.

[Unité 8]

Qu'est-ce que tu fais pendant les vacances? = ...

.... = Wo wirst du deine Ferien verbringen?

.... = Ich werde zwei Tage in Marseille verbringen.

.... = Ich werde drei Wochen in Marseille verbringen.

Je vais aller à Lyon. = ...

.... = Ich werde in die Vogesen fahren.

.... = Ich bleibe hier.

On va faire du camping au bord du lac Léman. = ...

.... = Wir werden Wanderungen in den Bergen machen.

Je t'appelle quand j'arrive chez ma tante. = ...

Jemanden zu etwas auffordern und auf eine Aufforderung reagieren

[Unité 2]

Tu joues avec moi? = ...

.... = Schauen wir zusammen fern?

.... = Bitte spiel mit mir.

Jouez avec moi, s'il vous plaît. = ...

Bon, d'accord. = ...

.... = Nein, jetzt nicht, ich arbeite.

Über einen Tagesablauf sprechen

Tagesablauf

[Module]

Il est quelle heure? = ...

.... = Wir haben Zeit.

.... = Der Zug ist pünktlich.

Les mots pour le dire

[Unité 5]

Quand est-ce que tu vas à l'ecole? = ...

À quelle heure est-ce que tu as cours? = ...

.... = Wohin gehst du nach dem Unterricht?

.... = Um acht Uhr gehe ich nach Hause.

Le matin, je vais au collège. = ...

.... = Montags mache ich Sport.

.... = Am Montag mache ich Sport.

Über einen Geburtstag sprechen

[Unité 7]

.... = Wann hast du Geburtstag?

Mon anniversaire, c'est en juillet. = ...

.... = Claras Geburtstag ist am 23. März.

Je t'invite à ma fête d'anniversaire. = ...

.... = Ich zähle auf dich.

On peut faire une surprise à Théo. = ...

Qui fait quoi? = ...

.... = Wer geht einkaufen?

.... = Wer will mir helfen?

Moi, je t'aide. = ...

Comment est-ce qu'on fait pour le gâteau? = ...

.... = Ich bringe eine DVD mit.

.... = Herzlichen Glückwunsch zum Geburtstag!

Über Essen und Trinken sprechen

Essen und Trinken

[Unité 6]

.... = Ich habe Hunger.

.... = Ich habe Durst.

.... = Ich habe keinen Hunger.

Je n'ai pas soif. = ...

.... = Ich habe keinen Hunger mehr.

Je n'ai plus soif. = ...

Qu'est-ce qu'il y a à la cantine aujourd'hui? = ...

48

Les mots pour le dire

.... = Was nimmst du?

Moi, je prends le pâté. = ...

Tu me passes l'eau, s'il te plaît ? = ...

.... = Schmeckt das?

Très bon. = ...

.... = Guten Appetit!

Merci ! = ...

Einkaufen

[Unité 7]

Qui fait les courses ? = ...

Qu'est-ce que j'achète ? = ...

.... = Ich kaufe Äpfel.

Je voudrais un kilo de pommes. = ...

.... = Wie viel kostet das?

Ça coûte 2,60 €. = ...

.... = Das ist teuer.

.... = Das ist nicht teuer. ....

.... = Ich habe nicht viel Geld. ....

....

>>> **Hier kannst du weitere Sätze ergänzen.**

.... = ...

.... = ...

.... = ...

.... = ...

.... = ...

Über das Wetter sprechen

[Unité 8]

Il y a beaucoup de soleil. .... = ...

.... = Es ist schönes Wetter. ....

Il ne fait pas très beau. .... = ...

.... = Es ist warm/heiß. ....

.... = Es regnet. ....

.... = Es ist kalt. ....

Le temps n'est pas génial. .... = ...

50

Mots en contexte

Salut, ça va? [Unité 1, Volet 1]

Unité 1

>>> Formuliere die französischen Sätze und schreibe sie auf. Die Lösungen findest du in der rechten Spalte der ▶ Liste des mots im Buch ab S. 180.

1. Du fragst jemanden, ob es ihm/ihr gut geht. Er/Sie antwortet, dass es ihm/ihr gut geht.

   – ....

   – ....

2. Thomas stellt sich vor und fragt dich, wie du heißt.

   ....

   ....

3. Du fragst jemanden, wie es ihm/ihr geht. Er/Sie antwortet: „Na ja."

   – ....

   – ....

4. Du fragst jemanden, ob es ihm/ihr gut geht. Er/Sie sagt, dass es ihm/ihr super geht.

   – ....

   – ....

5. Du begrüßt deine Lehrerin.

   ....

6. Du verabschiedest dich von deinem Lehrer.

   ....

La classe de sixième A [Unité 1, Volet 2]

1. Du sagst, dass das die Klasse 6A ist.

   ....

2. Stéphane Martel sagt, wie er heißt.

   ....

3. Jemand fragt dich, ob es dir gut geht. Du sagst, dass es dir sehr gut geht.

   – ....

   – ....

4. Du sagst, dass er aus Berlin ist.

   ....

5. Du fragst, ob sie aus Straßburg ist.

   ....

6. Du sagst, dass das die Klasse von Herrn Martel ist.

   ....

La récréation [Unité 1, Volet 3]

1. Du sagst, dass Pause ist.

2. Du zeigst auf eine Person und sagst, dass das die Aufsichtsperson ist.

3. Du sagst, dass die Schüler auf dem Hof sind.

4. Du fragst jemanden, wie er/sie heißt.

5. Du fragst jemanden, ob er/sie aus Straßburg oder aus Colmar ist.

6. Du sagst, dass Lukas neu in Straßburg ist.

7. Du sagst, dass Maria neu an der Schule ist.

8. Du sagst, dass der Junge Stéphane ist.

9. Du zeigst auf eine Person und fragst, wer das ist.

10. Du sagst, dass sie Clara heißt.

11. Du sagst, dass Noah in der siebten (*wörtlich:* fünften) Klasse ist.

12. Du sagst, dass er Karims Freund ist.

13. Du sagst, dass das Mädchen Yasmine ist.

14. Du sagst, dass sie Jades Freundin ist.

15. Du fragst zwei Schüler/Schülerinnen, ob sie auch in der sechsten Klasse sind.

Mots en contexte

Chez moi [Unité 2, Volet 1]

Unité 2

>>> Formuliere die französischen Sätze und schreibe sie auf. Die Lösungen findest du in der rechten Spalte der ▶ *Liste des mots* im Buch ab S. 185.

1. Du sagst, dass Clara zu Hause ist.

....

2. Du sagst, dass sie bei Jade ist.

....

3. Du sagst, dass das Théos Regal ist.

....

4. Du zeigst jemanden Théos Schlafzimmer.

....

5. Du sagst, dass es im Zimmer eine Musikecke gibt.

....

6. Du sagst, dass das Karims Computer ist.

....

7. Du sagst, dass Yasmine in der Hängematte ist.

....

8. Du sagst, dass die Comics im Schrank sind.

....

9. Du sagst, dass das Noahs CD-Sammlung ist.

....

10. Du fragst jemanden, was es in seinem/ihrem Zimmer gibt.

....

11. Du sagst, dass die Schüler/Schülerinnen noch im Hof sind.

....

12. Du sagst, dass Herr Rivière der Geographielehrer ist.

....

53

Chez Clara [Unité 2, Volet 2]

1. Du sagst, dass es im Badzimmer einen Stuhl gibt.

2. Du fragst, wo Lukas ist.

3. Du sagst, dass die Lampe auf dem Tisch ist.

4. Du sagst, dass die Steine rechts im Schrank sind.

5. Du sagst, dass Yasmine und Karim in der Küche sind.

6. Du sagst, dass die Steine links auf dem Regal sind.

7. Du sagst, dass die Schlüssel auf dem Tisch sind.

8. Du sagst, dass vor dem Schreibtisch ein Globus steht.

9. Jemand fragt dich, wo die CD ist. Du forderst ihn/sie auf, unter dem Bett nachzusehen.

–

–

10. Du sagst, dass die Fernbedienung hinter dem Regal ist.

11. Du sagst, dass der Stuhl zwischen dem Tisch und dem Bett ist.

12. Du sagst, dass der Fernseher im Wohnzimmer ist.

Mots en contexte

Chez Yasmine [Unité 2, Volet 3]

1. Du sagst, dass Karim mit Yasmine nach Hause geht.

   ....

   ....

2. Du sagst, dass Amandine und Yasmine eine CD anhören.

   ....

   ....

3. Du sagst, dass er die CD von ZAZ sucht.

   ....

4. Du sagst, dass du zu Hause Internet hast.

   ....

   ....

5. Du sagst, dass sie mit ihrer Freundin chattet.

   ....

   ....

6. Du sagst, dass Jade im Wohnzimmer telefoniert.

   ....

   ....

7. Du sagst, dass Théo den Globus ansieht und träumt.

   ....

   ....

8. Du fragst, was los ist.

   ....

9. Du fragst jemanden, was er/sie macht.

   ....

10. Du sagst, dass Lukas in der Küche lernt.

    ....

    ....

11. Du sagst, dass Jade jetzt in der siebten (*wörtlich*: fünften) Klasse ist.

    ....

    ....

12. Du sagst, dass Clara im Badezimmer singt.

    ....

    ....

13. Du sagst, dass du nach den Hausaufgaben immer eine CD anhörst.

    ....

    ....

Voilà ma famille [Unité 3, Volet 1]

>>> **Formuliere die französischen Sätze und schreibe sie auf. Die Lösungen findest du in der rechten Spalte der ▶ *Liste des mots* im Buch ab S. 190.**

1. Du sagst, dass es das Zimmer deiner Schwester ist.

   ....

   ....

2. Du sagst, dass Noah dein Freund ist.

   ....

   ....

3. Du sagst, dass Yasmines Bruder in der siebten (*wörtlich:* fünften) Klasse ist.

   ....

   ....

4. Du sagst, dass deine Eltern bei deiner Tante sind.

   ....

   ....

5. Du sagst, dass dein Vater Lehrer ist.

   ....

6. Du sagst, dass die Schwester deiner Mutter deine Tante ist.

   ....

   ....

7. Du sagst: „Schau mal, das ist der Sohn meines Französischlehrers."

   ....

   ....

8. Du sagst, dass die Tochter von Frau Fabre Clara heißt.

   ....

   ....

9. Du sagst, dass dein Onkel nett ist.

   ....

10. Du sagst, dass das Claras Cousins sind.

    ....

11. Du sagst, dass deine Großmutter Joséphine heißt.

    ....

    ....

12. Du sagst, dass deine Urgroßmutter im Wohnzimmer fernsieht.

    ....

    ....

Mots en contexte

On rentre ensemble? [Unité 3, Volet 2]

1. Du fragst jemanden, ob der Junge da sein/ihr Bruder ist.

   ....

   ....

2. Du sagst, dass deine Cousins in Berlin wohnen.

   ....

   ....

3. Du sagst, dass deine Freundin in der Nähe der Schule wohnt.

   ....

   ....

4. Du fragst jemanden, ob es noch weit ist. Er/Sie antwortet: „Nein, es ist ganz nah."

   – ....

   – ....

5. Du sagst, dass die Früchte auf dem Tisch sind.

   ....

   ....

6. Du sagst, dass dein Bruder spät nach Hause kommt.

   ....

7. Du sagst, dass deine Großmutter nach der Schule auf deine Geschwister aufpasst.

   ....

   ....

8. Du fragst jemanden, wo seine/ihre Brüder sind.

   ....

9. Du sagst, dass dein Vater in Deutschland arbeitet.

   ....

   ....

10. Du sagst, dass ihr am Wochenende bei deinen Cousins seid.

    ....

    ....

Comment ça va, dans ta famille? [Unité 3, Volet 3]

1. Du sagst, dass deine Schwester vor ihrem Computer ist.

   ....

   ....

2. Du fragst jemanden, ob er/sie Geschwister hat.

   ....

   ....

3. Du sagst, dass du die Pause im Hof verbringst.

4. Du sagst, dass das Noah mit seiner Freundin ist.

5. Du sagst, dass Léas Stiefmutter in Paris wohnt.

6. Du sagst, dass der Französischlehrer nett ist.

7. Du sagst, dass ihr drei Kinder seid: deine Schwester, dein Bruder und du.

8. Du sagst, dass deine Geschwister nerven.

9. Du sagst, dass dein Cousin Albin sechs Jahre alt ist.

10. Du sagst, dass du viel träumst.

11. Du sagst, dass der Hamster deiner Schwester viel spielt.

12. Du sagst, dass etwas der Horror ist.

13. Du sagst, dass dein Vater arbeitslos ist.

Tu as un animal? [Unité 3, Volet 4]

1. Du fragst jemanden, ob er/sie Tiere zu Hause hat.

2. Du sagst, dass die Kinder mit dem Hund spielen.

Mots en contexte

3. Du sagst, dass er auf dem Foto süß ist.

   ....

   ....

4. Du sagst, dass du zwei Wellensittiche und einen Hund hast.

   ....

   ....

5. Du sagst, dass Yasmine und Clara geschwätzig sind.

   ....

   ....

6. Du sagst, dass die Schildkröte im Badezimmer ist.

   ....

   ....

7. Du sagst, dass du auf das Meerschweinchen deiner Schwester aufpasst.

   ....

   ....

8. Du sagst, dass Yasmine nach den Hausaufgaben im Internet surft.

   ....

   ....

9. Du sagst, dass deine Cousine so alt ist wie deine Mutter.

   ....

   ....

10. Du fragst jemanden, wie alt seine/ihre Schwester ist. Er/Sie antwortet, dass sie siebzehn Jahre alt ist.

    – ....

    – ....

11. Du sagst, dass du gerne einen Fernseher in deinem Zimmer hättest, dass aber deine Eltern dagegen sind.

    ....

    ....

12. Du fragst, wer mit dir spielt.

    ....

13. Du sagst: „Das Meerschweinchen ist hässlich, aber die Katze ist hübsch."

    ....

    ....

Le français en classe [1]

1. Du fragst, wie man „Kugelschreiber" auf Französisch / auf Deutsch sagt.

....

....

Le français en classe 1–3

Le français en classe [2]

1. Du sagst, dass alle singen.

....

2. Du sagst zu deiner Lehrerin, dass sie zu schnell spricht.

....

3. Du bittest deinen Lehrer / deine Lehrerin, etwas zu wiederholen.

....

....

4. Du forderst einen Schüler / eine Schülerin auf, den Schrank zu schließen.

....

5. Du sagst, dass es im Klassenzimmer eine Tafel gibt.

....

6. Die Lehrerin fordert euch auf, die CD noch einmal anzuhören.

....

7. Du sagst, dass du das Wort „stylo" nicht verstehst.

....

Le français en classe [3]

1. Du fragst einen Mitschüler / eine Mitschülerin, ob er/sie eine Frage hat.

....

2. Du fragst jemanden, was er/sie heute in der Schule hat.

....

Mots en contexte

Qu'est-ce qu'ils font? [Unité 4, Volet 1]

>>> **Formuliere die französischen Sätze und schreibe sie auf. Die Lösungen findest du in der rechten Spalte der ▶ *Liste des mots* im Buch ab S. 198.**

1. Du sagst, dass die Kinder nach der Schule Freizeitaktivitäten haben.

   ....

   ....

2. Du fragst jemanden, was er/sie macht.

   ....

3. Du sagst, dass die zwei Freunde Theater spielen.

   ....

   ....

4. Du sagst, dass du singst und Gitarre spielst.

   ....

   ....

5. Du sagst, dass Pierre mit seinem Cousin Pascal Tennis spielt.

   ....

   ....

6. Du sagst, dass Lara nach der Schule tanzt.

   ....

7. Du sagst, dass ihr im Winter Ski fahrt.

   ....

   ....

Un DVD pour l'Allemagne [Unité 4, Volet 2]

1. Du sagst, dass die Lehrer den Schulanfang vorbereiten.

   ....

   ....

2. Du sagst, dass dein Hobby Tanzen ist.

   ....

3. Du sagst, dass du Fruchtsäfte magst.

   ....

4. Du fragst jemanden, ob er/sie den Sänger Yannick Noah mag.

   ....

5. Du sagst, dass du es liebst, in deinem Zimmer zu lesen.

6. Du sagst, dass sie nicht zu Hause ist.

7. Du sagst, dass du Hunde hasst.

8. Du sagst, dass die Deutschlehrerin mit der Französischlehrerin spricht.

9. Du sagst, dass Lesen deine Lieblingsbeschäftigung ist.

Qu'est-ce que tu fais ce week-end? [Unité 4, Volet 3]

1. Du sagst, dass ihr an diesem Wochenende nicht da seid.

2. Du fragst jemanden, ob er/sie mit dir spielen will.

3. Du fragst jemanden, ob er/sie die Berge mag.

4. Du sagst, dass er seine Cousins nach Hause einlädt.

5. Du fragst, ob du fernsehen kannst.

6. Du sagst, dass du die Schule nicht so gern magst.

7. Du sagst, dass du um 10 Uhr nach Hause kommst.

8. Du sagst: „Geht klar!"

Mots en contexte

Notre collège [Unité 5, Volet 1]

>>> Formuliere die französischen Sätze und schreibe sie auf. Die Lösungen findest du in der rechten Spalte der ▶ Liste des mots im Buch ab S. 203.

1. Du sagst, dass Noah seine Lieblingsgruppe vorstellt.

   ....

   ....

2. Du sagst, dass eure Lehrer nett sind.

   ....

3. Du sagst, dass das Fenster offen ist.

   ....

4. Du sagst, dass dein Zimmer dein Lieblingsort ist.

   ....

5. Du sagst, dass die Dokumentalistin in der Schulbibliothek arbeitet.

   ....

6. Du sagst, dass man in der Schulbibliothek Bücher ausleihen kann.

   ....

   ....

7. Du fragst, was es in der Kantine gibt.

   ....

8. Du sagst, dass Schüler in der Turnhalle sind.

   ....

9. Du fragst jemanden, ob ihr die Hausaufgaben zusammen im Aufenthaltsraum macht.

   ....

10. Du fragst, wo die Toilette ist.

    ....

11. Du sagst, dass Frau Vidal im Lehrerzimmer ist.

    ....

12. Du sagst, dass die Schüler mit Herrn Martel im Klassenraum sind.

    ....

Ma journée [Unité 5, Volet 2]

1. Du sagst, dass es Viertel nach fünf ist.

2. Du fragst jemanden, ob sein/ihr Stundenplan gut ist.

3. Du sagst, dass du morgen keinen Unterricht hast.

4. Du sagst, dass Clara Yasmine nach der Schule trifft, weil sie zusammen Theater spielen.

5. Du sagst, dass Simon von 14 Uhr bis 16 Uhr Fußball hat.

6. Du fragst jemanden, wo er/sie mittags isst.

7. Du sagst, dass Clara und Yasmine zusammen ins Theater gehen.

8. Du sagst, dass die Schüler in Frankreich bis um 17:30 Uhr Unterricht haben können.

9. Du sagst: „Wir kommen bei dir um halb fünf vorbei."

10. Du sagst, dass die Pause um Viertel vor zehn ist.

11. Du sagst, dass Claras Eltern am Abend spät nach Hause kommen.

12. Du sagst, dass Clara oft mit ihrem Bruder lacht.

Mots en contexte

13. Du sagst, dass du heute Nachmittag zu deinem Flötenunterricht gehst.

....

....

14. Du sagst, dass du morgen einen Mathetest hast.

....

....

15. Du sagst, dass Marc gut in Geographie ist.

....

16. Du fragst deine Freunde, warum sie nicht mit dir spielen wollen.

....

....

Le programme [Unité 5, Volet 3]

1. Du sagst, dass Clara, Camille, Alexandre und ihre Cousins im Urlaub sind.

....

....

2. Du sagst, dass die Schüler von Frau Vidal mit ihren Austauschpartnern im Hof sind.

....

....

3. Du fragst jemanden, wann er/sie nach Hause kommt.

....

4. Du sagst, dass Théos Vater am Freitag in Straßburg ankommt.

....

....

5. Du sagst, dass sie Straßburg besichtigen werden.

....

6. Du fragst jemanden, ob er/sie gern ins Museum geht.

....

7. Du sagst, dass du Schokolade nicht so magst.

8. Du sagst, dass die Schule am Samstag und Sonntag geschlossen ist.

9. Du fragst jemanden, wohin er/sie geht.

10. Du sagst, dass Théo auch eine Fossiliensammlung hat.

11. Du sagst, dass deine Mutter zurzeit arbeitslos ist.

12. Du sagst, dass die Schüler eine Bootsfahrt auf der Ill machen werden.

13. Du sagst, dass du während der Ferien gerne mit deinen Eltern Boot fährst.

14. Du fragst jemanden: „Wir kommen gegen 11 Uhr bei dir vorbei, einverstanden?"

15. Du sagst, dass die Klasse 6A eine Rallye vorbereitet.

16. Du sagst, dass die deutschen Schüler mit dem Reisebus nach Straßburg fahren.

17. Du sagst, dass es um 12:15 Uhr in der Kantine Mittagessen gibt.

18. Du sagst, dass das Stadtzentrum von Straßburg sehr schön ist.

Mots en contexte

La visite en bateau [Unité 6, Volet 1]

Unité 6

>>> Formuliere die französischen Sätze und schreibe sie auf. Die Lösungen findest du in der rechten Spalte der ▶ *Liste des mots* im Buch ab S. 209.

1. Du sagst, dass deine Schwester einundzwanzig Jahre alt ist.

....

2. Du sagst, dass die Ferien im April sind.

....

3. Du sagst, dass die Schüler in den Reisebus einsteigen.

....

....

....

4. Du sagst, dass die Ferien bald beginnen.

....

....

5. Du sagst, dass du ziemlich nah an deiner Schule wohnst.

....

....

6. Du sagst, dass Paris eine sehr touristische Stadt ist.

....

....

7. Du sagst, dass Théo und Lukas zur „Montagne des singes" zurückkehren wollen.

....

....

....

À la cantine [Unité 6, Volet 2]

1. Du sagst, dass Yasmine und Karim nach der Schule Hunger haben.

....

....

2. Du sagst, dass die Schüler aus Lahr die Ankunft der Franzosen vorbereiten.

....

....

3. Du sagst, dass eine Gruppe Deutscher Straßburg besichtigt.

4. Du sagst, dass das Menü in der Kantine heute super ist.

5. Du sagst, dass Spaghetti dein Lieblingsgericht ist.

6. Du fragst deinen Tischnachbarn, ob er/sie seine Nachspeise nicht isst.

7. Du fragst, wie man einen Schokoladenkuchen zubereitet.

8. Du sagst, dass die Kuchen auf dem Tisch sind.

9. Du fragst jemanden, was er/sie als Nachspeise nimmt.

10. Du sagst, dass du etwas nicht mehr weißt.

11. Du fragst jemanden, ob er/sie Durst hat.

Ma ville, mon quartier [Unité 6, Volet 3]

1. Du sagst, dass die (männliche) Aufsichtsperson mit dem Lehrer spricht.

2. Du sagst, dass dein Zimmer groß ist.

3. Du sagst, dass im Schulhof viele Schüler sind.

4. Du sagst, dass Yasmine und Zohra viele Sachen in ihrem Zimmer haben.

Mots en contexte

5. Du sagst, dass du zu Fuß zur Schule gehst.

....

....

6. Du sagst, dass ihr ein bisschen zu weit weg von der Schule wohnt.

....

....

7. Du sagst, dass Zohra wie ihre Schwester spricht.

....

....

8. Du sagst, dass das Museum gegenüber der Kathedrale ist.

....

....

9. Du sagst, dass ihr zu viele Hausaufgaben habt.

....

10. Du sagst, dass dein Bruder nervt, aber dass du ihn trotzdem magst.

....

....

11. Du sagst, dass das Einkaufszentrum sonntags geschlossen ist.

....

....

12. Du sagst, dass April dein Lieblingsmonat ist.

....

....

13. Du sagst, dass es kein Wasser mehr gibt.

....

....

14. Du sagst, dass es auf dem Kléber-Platz viele Cafés gibt.

....

....

15. Du sagst, dass der Supermarkt bis 21 Uhr geöffnet ist.

....

....

16. Du sagst, dass es in der Nähe der Schule eine Bäckerei gibt.

....

....

17. Du sagst, dass dein Zimmer zu klein ist.

....

18. Du fragst jemanden, ob ihr zusammen ins Schwimmbad geht.

....

....

C'est quand, ton anniversaire? [Unité 7, Volet 1]

Unité 7

>>> Formuliere die französischen Sätze und schreibe sie auf. Die Lösungen findest du in der rechten Spalte der ▶ *Liste des mots* im Buch ab S. 214.

1. Du fragst jemanden, was er/sie zu seinem/ihrem Geburtstag möchte.

   ....

2. Du sagst, dass Théo zu seinem Geburtstag seine Freunde einlädt.

   ....

3. Du sagst, dass deine Urgroßmutter hundert Jahre alt ist.

   ....

4. Du sagst, dass ihr im Februar in den Vogesen Ski fahren geht.

   ....

Les cadeaux [Unité 7, Volet 2]

1. Du sagst, dass Théo seine Geburtstagsgeschenke mag.

   ....

2. Du sagst, dass die Jugendlichen über ihre Freizeitaktivitäten sprechen.

   ....

3. Du sagst, dass Clara ein Buch kauft.

   ....

4. Du sagst, dass Théo Comic-Figuren sammelt.

   ....

5. Du sagst, dass die Kinder ihre Eltern überraschen wollen.

   ....

Mots en contexte

6. Du sagst, dass Noah sein Französischbuch nicht findet.

   ....

   ....

7. Du fragst jemanden, ob er/sie CDs mitbringen kann.

   ....

   ....

8. Du sagst, dass die Kinder Sketche für den Tag der offenen Tür vorbereiten.

   ....

   ....

9. Du fragst, wie viel die CD kostet.

   ....

10. Du sagst, dass das Kino am Wochenende sehr teuer ist.

    ....

    ....

11. Du sagst, dass du nicht genug Geld hast.

    ....

    ....

12. Du sagst, dass die Buchhandlung auch Bücher für zwei Euro hat.

    ....

    ....

13. Du fragst jemanden, ob er/sie dir bitte helfen kann.

    ....

    ....

14. Du sagst, dass Yasmine Clara ins Theater begleitet.

    ....

    ....

15. Du sagst, dass Noah mit seiner Mutter im Supermarkt einkauft.

    ....

    ....

16. Du sagst, dass ein Kilo Tomaten 3,25 Euro kostet.

    ....

    ....

17. Du fragst, ob es noch genug Mehl gibt.

    ....

    ....

18. Du sagst, dass Julies Katze schwarz ist.

    ....

Joyeux anniversaire! [Unité 7, Volet 3]

1. Du fragst Théo, ob er fertig ist.

2. Du sagst, dass du Kartoffelchips nicht magst.

3. Du sagst, dass in den Bonbons zu viel Zucker ist.

4. Du sagst, dass du einen Tomatensalat zubereitest.

5. Du sagst, dass Karim auf seine Schwester wartet.

6. Du sagst, dass Yasmine zu spät ist.

7. Du sagst, dass der Unterricht pünktlich beginnt.

8. Du sagst, dass sie glücklich ist.

9. Du sagst, dass Théo Spiele für seinen Geburtstag vorbereitet.

10. Du sagst, dass Yasmine und Zohra in ihrem Zimmer tanzen.

11. Du sagst, dass man die Kinder im Pausenhof hört.

12. Du sagst, dass Marine bei ihrer Freundin vorbeikommt und sie dann zusammen ins Schwimmbad gehen.

Mots en contexte

Qu'est-ce que tu vas faire pendant les vacances?
[Unité 8, Volet 1]

1. Du sagst, dass Yasmine es liebt, zum Strand zu gehen.

2. Du sagst, dass Théo und seine Familie am Sonntag eine Wanderung in den Vogesen machen werden.

3. Du sagst, dass du sehr gerne Wanderungen in den Bergen machst.

4. Du sagst, dass du nicht gerne zeltest.

5. Du sagst, dass du nicht bleiben kannst.

6. Du sagst, dass ihr am Seeufer essen könnt.

7. Du sagst, dass es in der Nähe von Berlin viele Seen gibt.

Souvenirs d'été [Unité 8, Volet 2]

1. Du sagst, dass deine Freunde eine Menge Ideen haben.

2. Du sagst: „Wenn es heiß ist, gehen die Freunde ins Schwimmbad."

3. Du sagst, dass du gerne im Meer schwimmst.

4. Du sagst, dass es in der Nähe von dir zu Hause einen Park gibt, wo du am Wochenende deine Freunde triffst.

5. Du sagst, dass auf dem Kléber-Platz viele Leute sind.

6. Du forderst jemanden auf, seiner/ihrer Großmutter eine Karte zu schreiben.

7. Du sagst, dass man das Schloss von Mai bis Oktober besichtigen kann.

8. Du sagst, dass deine Schwester ihren Geburtstag in der Schule feiert.

9. Du sagst, dass Clara in den Ferien einen Theaterkurs macht.

10. Du sagst, dass man in den Vogesen Mountainbike fahren kann.

11. Du sagst, dass Pauline Pferdeposter sammelt.

12. Du sagst, dass du dieses Wochenende zu Hause bleibst, weil es regnet.

13. Du sagst, dass du nachts viel träumst.

14. Du sagst, dass es in den Bergen oft kalt ist.

15. Du sagst, dass es praktisch ist, in den Bergen ein Fernglas zu haben.

16. Du sagst, dass die Touristen die Kathedrale von Straßburg fotografieren.

Grammaire

Die Verben

>>> Hier findest du eine Übersicht über die Verben, die in *À plus!* 1 vorkommen. Trage den französischen Infinitiv ein, sobald du eine Unité abgeschlossen hast. Die orange unterstrichenen Verben mit ❗ werden unregelmäßig konjugiert.

[Unité 1]

sein = ❗ _____

ansehen, anschauen = _____

[Unité 2]

chatten = _____

nach Hause gehen = _____

suchen = _____

zuhören, anhören = _____

träumen = _____

telefonieren = _____

singen = _____

arbeiten, lernen = _____

spielen = _____

fernsehen = _____ ___ _____

[Unité 3]

wohnen = _____

auf jdn aufpassen = _____ ___

lachen, Spaß haben = _____

verbringen = _____

surfen = _____

haben = ❗ _____

[Le français en classe 2]

sprechen = _____

wiederholen, nachsprechen = _____

schließen, zumachen = _____

weitermachen = _____

[Unité 4]

machen, tun = ❗ _____

vorbereiten = _____

mögen, lieben = _____

sehr lieben = _____

hassen = _____

bevorzugen, lieber mögen = _____

wollen = ❗ _____

einladen = _____

können = ❗ _____

anrufen = _____

fragen = _____

bei jdm vorbeikommen = _____ _____ ___

[Unité 5]

essen = _____   ausleihen = _____

besichtigen = _____   vorstellen = _____

gehen = ! _____   aufschreiben, notieren = _____

ankommen = _____   treffen = _____

[Unité 6]

beginnen = _____   zurückkehren = _____

nehmen = ! _____   verstehen = ! _____

in etw. einsteigen = _____ _____ ___

[Unité 7]

einladen = _____   hören = _____

helfen = _____   begleiten = _____

mitbringen = _____   komponieren = _____

kosten = _____   sammeln = _____

finden = _____   warten = ! _____

tanzen = _____   einkaufen = ! _____ _____ _____

kaufen = _____   ausblasen = _____

jdn überraschen = ! _____ _____ _____ __ ___

[Unité 8]

bleiben = _____   schwimmen = _____

feiern = _____   beobachten = _____

etw. fotografieren = ! _____ ____ _____ ____

zelten = ! _____ ____ _____

76

Grammaire

Das unregelmäßige Verb être [Unité 1]

être (sein)	
je	s u i s
tu	___
il/elle/on	___
nous	___
vous	___
ils/elles	___

Wendungen mit être

>>> Schreibe die französischen Übersetzungen der Sätze auf.

Wer ist das? [Unité 1]

Ich bin's. [Unité 1]

Das ist alles. [Unité 3]

Das ist hübsch! [Unité 3]

Das ist ganz nah. [Unité 3]

Das ist der Horror. [Unité 3]

Wir sind einverstanden. [Unité 5]

Wie viel Uhr ist es? [Unité 5]

Es ist geschlossen. [Unité 5]

Das ist lecker. [Unité 6]

Ich bin zu spät. [Unité 7]

Das ist teuer. [Unité 7]

Das unregelmäßige Verb avoir [Unité 3]

avoir (haben)
j' a i
tu ___
il/elle/on ___
nous _____
vous _____
ils/elles _____

Wendungen mit avoir

>>> Schreibe die französischen Übersetzungen der Sätze auf.

a v o i r

Ich bin 16 Jahre alt. [Unité 3]

Wir haben heute keinen Unterricht. [Unité 5]

Ich habe Hunger! [Unité 6]

Wie alt sind sie? [Unité 3]

Hast du Zeit? [Le français en classe 3]

Er hat Durst! [Unité 6]

Grammaire

Die regelmäßigen Verben auf -er [Unité 1 und Unité 2]

regarder (ansehen)

je	regard-__e__
tu	regard-____
il/elle/on	regard-____
nous	regard-____
vous	regard-____
ils/elles	regard-____

Die Grundform eines Verbs nennt man ....

Ein Verb besteht aus zwei Teilen: dem Verbstamm (hier: *regard-*) und der .... (hier: *-er*).

Wenn du das Verb konjugierst, passt du die Endung an die jeweilige Person an: *regarder → je regarde*. Das ist wie im Deutschen (*sehen → ich sehe*).

Impératif [Le français en classe 2]

.... (Schau! / Sieh mal!)

.... (Lass uns [mal] sehen!)

.... (Schaut/Seht [mal]!)

chercher (suchen) [Unité 2]

je	_____
tu	_____
il/elle/on	_____
nous	_____
vous	_____
ils/elles	_____

rentrer (nach Hause gehen) [Unité 2]

je	_____
tu	_____
il/elle/on	_____
nous	_____
vous	_____
ils/elles	_____

Impératif

....

....

....

Impératif

....

....

....

Das Verb préférer [Unité 4]

préférer (bevorzugen)	
je	___è___
tu	___è___
il/elle/on	___è___
nous	_____
vous	_____
ils/elles	___è___

Impératif

....

....

....

Préférer ist ein regelmäßiges Verb auf *-er*. Es hat aber eine Besonderheit: Im Singular und in der 3. Person Plural steht *-è-* (*je préf**è**re, tu préf**è**res* ...).

Die Verben *répéter* (wiederholen, nachsprechen) und *acheter* (kaufen) werden wie *préférer* konjugiert.

Das Verb appeler [Unité 4]

appeler (anrufen)	
j'	___l___
tu	___l___
il/elle/on	___l___
nous	_____
vous	_____
ils/elles	___l___

Impératif

....

....

....

Das Verb *appeler* ist ein regelmäßiges Verb auf *-er*. Es hat aber eine Besonderheit: Im Singular und in der 3. Person Plural verdoppelst du das *-l-* (*j'appe**l**les, tu appe**l**les* ...).

Grammaire

Die Verben manger und ranger [Unité 5]

manger (essen)		ranger (aufräumen)	
je	_____	je	_____
tu	_____	tu	_____
il/elle/on	_____	il/elle/on	_____
nous	____e____	nous	____e____
vous	_____	vous	_____
ils/elles	_____	ils/elles	_____

Impératif

....

....

....

Impératif

....

....

....

✓ *Manger* und *ranger* sind Verben auf .... Sie werden regelmäßig konjugiert. Sie haben aber eine Besonderheit: In der 1. Person Plural schiebst du ein -e- zwischen *rang-* und *-ons* ein. Sonst würde das -g- falsch ausgesprochen.

Das Verb *nager* (schwimmen) wird wie *manger* und *ranger* konjugiert.

Das Verb commencer [Unité 6]

commencer (beginnen)	
je	_____
tu	_____
il/elle/on	_____
nous	____ç____
vous	_____
ils/elles	_____

Impératif

....

....

✓ Das Verb *commencer* ist ein regelmäßiges Verb auf *-er*. Es hat aber eine Besonderheit: In der 1. Person Plural steht -ç- (nous commençons).

81

Das unregelmäßige Verb faire [Unité 4]

faire (machen)
je _____
tu _____
il/elle/on _____
nous _____
vous _____
ils/elles _____

Impératif

....

....

....

Wendungen mit faire

>>> Schreibe die französischen Übersetzungen der Sätze auf.

f A i r e

Wir musizieren. [Unité 4]

Er spielt Fußball. [Unité 4]

Sie macht einen Ausflug. [Unité 4]

Wir überraschen Noah! [Unité 7]

Wer kauft ein? [Unité 7]

Es ist schönes Wetter. [Unité 8]

Wir zelten. [Unité 8]

Grammaire

Die unregelmäßigen Verben pouvoir und vouloir [Unité 4]

pouvoir (können)
je _____
tu _____
il/elle/on _____
nous _____
vous _____
ils/elles _____

vouloir (wollen)
je _____
tu _____
il/elle/on _____
nous _____
vous _____
ils/elles _____

Das unregelmäßige Verb aller [Unité 5]

aller (gehen)
je _____
tu _____
il/elle/on _____
nous _____
vous _____
ils/elles _____

Impératif

....

....

....

On y va!

Los geht's! [Le français en classe 2]

Das unregelmäßige Verb prendre [Unité 6]

prendre (nehmen)	
je	_____
tu	_____
il/elle/on	_____
nous	_____
vous	_____
ils/elles	_____

Das Verb *comprendre* (verstehen) wird wie *prendre* konjugiert.

Impératif

....

....

....

Das regelmäßige Verb attendre [Unité 7]

attendre (warten)	
j'	_____
tu	_____
il/elle/on	_____
nous	_____
vous	_____
ils/elles	_____

Impératif

....

....

....

Grammaire

Das futur composé [Unité 5]

Qu'est-ce que tu vas faire cet après-midi?

Je vais regarder la télé.

Je **v a i s** faire du foot.	=	Ich werde Fußball spielen.
Tu ___ ___ ___ **aller** au cinéma.	=	Du wirst ins Kino gehen.
Il/Elle/On ___ ___ **regarder** un DVD.	=	Er wird eine DVD anschauen.
Nous ___ ___ ___ ___ ___ ___ **écouter** un CD.	=	Wir werden eine CD anhören.
Vous ___ ___ ___ ___ ___ **visiter** un musée.	=	Ihr werdet ein Museum besuchen.
Ils/Elles ___ ___ ___ ___ **chanter** ensemble.	=	Sie werden zusammen singen.

> Wenn du über etwas sprichst, das in der Zukunft passieren wird, verwendest du das *futur composé*.
>
> **konjugierte Form von** .... **+ Infinitiv = *futur composé***

Tu ne vas pas aller chez ta tante?

Non. Je vais faire mes devoirs.

Il **ne** va **pas** aller au musée.	=	Er wird nicht ins Museum gehen.
Je .... vais .... chatter avec mon ami.	=	Ich werde nicht mit meinem Freund chatten.
Nous .... allons .... faire de la musique.	=	Wir werden nicht musizieren.

> Die Verneinungswörter *ne ... pas* stehen beim *futur composé* vor und hinter der konjugierten Form von *aller*.
>
> .... **+ konjugierte Form von** .... **+** .... **+ Infinitiv = *futur composé* verneint**

Der bestimmte und der unbestimmte Artikel [Unité 1 und Unité 2]

	Der bestimmte Artikel [Unité 1]		Der unbestimmte Artikel [Unité 2]	
	männlich	**weiblich**	**männlich**	**weiblich**
Singular	____ garçon ___ ami	____ fille ___ amie	____ garçon ___ ami	____ fille ____ amie
Plural	_____ garçons _____ amis	_____ filles _____ amies	_____ garçons _____ amis	_____ filles _____ amies
	le			

! Das Geschlecht deutscher und französischer Nomen stimmt meist **nicht** überein:

la fille – **das** Mädchen
la cour – **der** Schulhof
le collège – **das** Collège

> Im Deutschen gibt es keinen unbestimmten Artikel im Plural.
>
> Dans la boulangerie, il y a .... croissants.
> In der Bäckerei gibt es ■ Croissants.

Der zusammengezogene Artikel mit de [Unité 4]

 Mathieu fait ____ foot.

 Mélanie et Lucie font _____ _____ danse.

 Anna fait _____ ___ athlétisme.

 Christophe fait _____ percussions.

de + le → ....
de + la → ....
de + l' → ....
de + les → ....

Grammaire

Der zusammengezogene Artikel mit der Präposition à [Unité 5]

 Louis va ___ ___ gymnase.

 Sophie va ___ ___ cantine.

 Ils vont ___ ___ école.

 Karim va ___ ___ toilettes.

à + le → ....
à + la → ....
à + l' → ....
à + les → ....

Mengenangaben mit de [Unité 7]

 ...un... ...kilo... ...de... tomates = ein Kilo Tomaten

 .... eau = eine Flasche Wasser

 .... bonbons = eine Packung Bonbons

 .... chocolat = eine Tafel Schokolade

...beaucoup... ...de... parcs = **viele** Parks

.... touristes = **zu viele** Touristen

.... magasins = **genug** Geschäfte

Nach Mengenangaben steht .... + Nomen ohne Artikel.

Vor einem Nomen, das mit einem Vokal oder einem stummen *h* beginnt, wird *de* zu .... verkürzt.

Un kilo de pommes.

Ein Kilo ■ Äpfel.

Il n'y a pas __assez__ __d'__ activités. = Es gibt **nicht genug** Freizeitaktivitäten.

Il n'y a _____ cinéma. = Es gibt **kein** Kino.

Il n'y a _____ café. = Es gibt **kein** Café **mehr**.

Ne ... pas de heißt _____ und bezeichnet eine nicht vorhandene Menge.

Ne ... plus de heißt _____ und bezeichnet eine nicht mehr vorhandene Menge.

! Merke: *Je n'**aime** pas **les** tomates.*
Nach *aimer* steht auch in der Verneinung der bestimmte Artikel **le, la, les**.

Die Possessivbegleiter mon, ton, son ... [Unité 3]

		Nomen im Singular			Nomen im Plural	
ein „Besitzer"		männlich	weiblich	vor Vokal		
(moi)		____ père	____ mère	____ ami / ____ amie	____ amis / ____ amies	
(toi)		____ frère	____ sœur	____ ami / ____ amie	____ frères / ____ sœurs	
(il) (elle)		____ cousin	____ cousine	____ ami / ____ amie	____ cousins / ____ cousines	
		mon	....	....	....	....

son fils   son fils

Son fils heißt sowohl „**sein** Sohn" als auch „**ihr** Sohn"!

Im Französischen richten sich die Possessivbegleiter nur nach dem Nomen, vor dem sie stehen. Das ist anders als im Deutschen.

Grammaire

Die Possessivbegleiter notre, votre, leur ... [Unité 5]

		Nomen im Singular	
mehrere „Besitzer"		männlich	weiblich
(nous)		_____ prof	_____ salle de classe
(vous)		_____ livre	_____ DVD
(ils) (elles)		_____ collège	_____ photo
		....notre....	
		....	
		....	

		Nomen im Plural	
mehrere „Besitzer"		männlich	weiblich
(nous)		_____ devoirs	_____ réponses
(vous)		_____ livres	_____ feuilles
(ils) (elles)		_____ ordinateurs	_____ phrases
		....nos....	
		....	
		....	

Das Adjektiv [Unité 3]

	Einzahl (Singular)	
	Il est ...	Elle est ...
joli	j o l i	_____
intelligent	i n t e l l i g e n t	_____
adorable	_____	_____

	Mehrzahl (Plural)	
	Ils sont ...	Elles sont ...
joli	_____	_____
intelligent	_____	_____
adorable	_____	_____

> Adjektive beschreiben Personen, Tiere oder Sachen. Du gleichst sie dem Nomen an, zu dem sie gehören.

Die Adjektive bon und nul [Unité 5]

Einzahl (Singular)	männlich	weiblich
	Noah est bon en maths.	Clara est _____ en allemand.
	Noah est nul en musique.	Clara est _____ en maths.
Mehrzahl (Plural)	männlich	weiblich
	Ils sont bons en SVT.	Elles sont _____ en français.
	Ils sont nuls en français.	Elles sont _____ en EPS.

> Die weiblichen Formen von *bon* schreiben sich mit Doppel-*n*- und die von *nul* mit Doppel-*l*-.

Grammaire

Die direkten Objektpronomen me, te, le, la, nous, vous, les [Unité 7]

	Il _m_ _e_	comprend.	= Er versteht **mich**.
	Elle ___'	attend.	= Sie wartet auf **mich**.
	Je _____	retrouve à la maison.	= Ich treffe **dich** zu Hause.
	Zora ___'	appelle.	= Zora ruft **dich** an.
Le DVD?	Clara _____	regarde.	= Clara schaut **sie** an. (die DVD)
Le livre?	Antoine ___'	achète.	= Antoine kauft **es**. (das Buch)
La recette?	Mona _____	regarde.	= Mona schaut **es** an. (das Rezept)
La chanson?	Noah ___'	écoute.	= Noah singt **es**. (das Lied)
	Notre prof _____	comprend.	= Unser Lehrer versteht **uns**.
	Il _____	appelle.	= Er ruft **euch** an.
Les figurines?	Théo _____	collectionne.	= Théo sammelt **sie**. (die Figuren)

> Das direkte Objektpronomen steht immer vor dem Verb. ✓

– Est-ce que Marie regarde la bédé? – Non, elle ...**ne**... la regarde ....**pas**........ .

– Est-ce que tu m'écoutes? – Non, je .... t'écoute ....

– Ils vous attendent? – Non, ils .... nous attendent ....

> Die Verneinungsklammer schließt das Objektpronomen mit ein. ✓

– Est-ce que Lukas va aider les filles? – Oui, il va ...**les**... aider.

– Je peux inviter ma copine? – Non, tu ne peux pas .... inviter.

– Est-ce que vous pouvez nous appeler? – Non, nous ne pouvons pas .... appeler.

– Est-ce qu'il veut acheter les DVD? – Oui, il veut .... acheter.

> In einem Satz mit Infinitiv stehen die Objektpronomen direkt vor dem Infinitiv. ✓

Die Intonationsfrage [Unité 1]

Frage ↗	Aussage ↘
Ça va __	Ça va __
Tu es nouveau à Strasbourg __	Tu es nouveau à Strasbourg __
Vous êtes en cinquième A __	Vous êtes en cinquième A __

> Du kannst beim Sprechen aus einem Aussagesatz einen Fragesatz bilden. Verändere einfach die Satzmelodie:
>
> Aussagesatz ↘ . → Fragesatz ↗ ?

Die Frage mit nachgestelltem Fragewort [Unité 1]

Tu t'appelles _____? = **Wie** heißt du?

Le garçon / La fille, c'est _____? = **Wer** ist der Junge / das Mädchen?

Tu habites ____? = **Wo** wohnst du? [Unité 3]

Le CD coûte _____? = **Wie viel** kostet die CD? [Unité 7]

> In der gesprochenen Sprache kannst du auch Fragen mit einem Fragewort am Ende des Satzes bilden.

Die Frage mit qu'est-ce que [Unité 2]

____ _____-____ ____il y a dans ta chambre? = **Was** gibt es in deinem Zimmer?

____ _____-____ _____ tu fais? = **Was** machst du?

> Mit *Qu'est-ce que/qu'*… fragst du nach Sachen.

Grammaire

Die Frage mit où [Unité 2] und die Frage mit qui [Unité 3]

_____ est Vincent? = **Wo** ist Vincent?

_____ sont les clés? = **Wo** sind die Schlüssel?

> Mit *où* fragst du, wo jemand oder etwas ist. ✓
>
> .... + **Verb** + **Subjekt** + **?** = **Fragesatz**

_____ a une allergie? = **Wer** hat eine Allergie?

_____ chante très bien? = **Wer** singt sehr gut?

> Mit *qui* fragst du nach Personen. ✓
>
> .... + **Verb** + **Ergänzung** + **?** = **Fragesatz**

Die Frage mit est-ce que [Unité 4]

_____ _-_ _____ tu as des frères et sœurs? = Hast du Geschwister?

_____ _-_ _____ ils font du foot? = Spielen sie Fußball?

> Du kannst einen Fragesatz auch mit *est-ce que* bilden. ✓
>
> ....-............. + **Aussagesatz** + **?** = **Fragesatz**

Est-ce que wird nicht übersetzt.

Die Frage mit Fragewort und est-ce que [Unité 5]

Pourquoi   est-ce que   tu vas chez le CPE? = **Warum** gehst du zum CPE?

....   est-ce que   tu habites? = **Wo** wohnst du?

....   vous rentrez? = **Wie** geht ihr heim?

....   ils vont au parc? = **Wann** gehen sie in den Park?

Avec   est-ce que   tu vas au cinéma? = **Mit wem** gehst du ins Kino?

Chez   ....   vous mangez? = **Bei wem** esst ihr?

Pour   ....   tu fais le gâteau? = **Für wen** backst du den Kuchen?

....   ils coûtent? = **Wie viel** kosten sie? [Unité 7]

> Auch mit Fragewörtern kannst du *est-ce que*-Fragen bilden. ✓
>
> **Fragewort** + ...-................. + **Aussagesatz** + **?** = **Fragesatz**

93

Der Nebensatz mit quand [Unité 8]

	Subjekt	Verb	Ergänzung
Quand	Paul	veut acheter	un cadeau, …

	Subjekt	Ergänzung	Verb
Wenn	Paul	ein Geschenk	kaufen will, …

> Im Nebensatz mit **quand** steht das Verb vor der Ergänzung.
> Im Deutschen steht das Verb im Nebensatz an letzter Stelle!

Ein Nebensatz mit *quand* hat die gleiche Wortstellung wie ein Hauptsatz:

.... **+ Subjekt + Verb (+ Ergänzung)**

_ _ _ _ _ _ il fait chaud, on va à la plage.

Wenn es heiß ist, gehen wir zum Strand.

_ _ _ _ _ _ il pleut, on reste à la maison.

Wenn es regnet, bleiben wir zu Hause.

Der Relativsatz mit où [Unité 8]

On va au Vieux Port _ _ _ il y a toujours beaucoup de monde.

Wir gehen zum Vieux Port, **wo** immer viele Leute sind.

La salle de permanence est un endroit _ _ _ les élèves font leurs devoirs.

Der Aufenthaltsraum ist ein Ort, **wo** die Schüler ihre Hausaufgaben machen.

Ein Nebensatz mit *où* hat die gleiche Wortstellung wie ein Hauptsatz:

.... **+ Subjekt + Verb (+ Ergänzung)**

> Denk an den Akzent auf dem *où*:
> Auf dem „wo" sitzt ein Floh!

Grammaire

Zeichen und Akzente im Französischen

l'ami — Das Zeichen ' heißt Apostroph und steht für einen ausgefallenen Vokal:
le ami → l'ami, la amie → l'amie, le hiver → l'hiver.

Ça va? — ç nennt man „c cédille". Es bewirkt, dass das **c** vor den Vokalen **a, o, u** wie **s** ausgesprochen wird.

la rentrée — é heißt „é accent aigu". Dieser Akzent kommt nur auf dem **e** vor.

le collège — è heißt „è accent grave". Dieser Akzent kommt auf den Vokalen **e, a, u** vor.

le château — â heißt „â accent circonflexe". Dieser Akzent kann auf allen Vokalen vorkommen.

la sœur — Der Buchstabe œ ist eine Verschmelzung aus „o" und „e" und wird so ähnlich wie das deutsche „ö" ausgesprochen.

>>> Finde in der ▶ *Liste des mots* ab S. 180 weitere Beispiele für die verschiedenen Zeichen und Akzente.

'	ç	é

è / à / ù	â / ê / î / ô / û	œ
		la sœur
		l'œuf

95

À plus! 1
Lerntagebuch

Im Auftrag des Verlages erarbeitet von:
Walpurga Herzog

und der Redaktion Fremdsprachen in der Schule
Julia Goltz (Projektleitung), Dorothee Flach, Jana Silckerodt, Christiane Ulrich (Bildassistenz)

Gesamtgestaltung und technische Umsetzung: Rotraud Biem, Berlin
Umschlaggestaltung: werkstatt für gebrauchsgrafik, Berlin
Illustrationen: Yayo Kawamura, Paul Lalo, Laurent Lalo
Umschlagfoto: © Getty Images / Everton (links); Cornelsen, Denimal/Uzel (rechts)

Bildquellen
© **Cornelsen Verlagsarchiv**: Denimal/Uzel: S. 16 – © **iStockphoto** / Andy Lidstone: S. 14 (4); Aviphile: S. 13 (9); Caziopeia: S. 29 (7); Devon Stephens: S. 34; Eric Isselée: S. 14 (2); Factoria Singular: S. 29 (11); Gary Unwin: S. 13 (5); gilas: S. 29 (21/23); Jessica Key: S. 29 (6); jmalov: S. 14 (6); Karl Barrett: S. 14 (1); Ljupco: S. 14 (3); Michael Valdez: S. 32 (unten); Pavel Timofeyev: S. 14 (7); pepifoto: S. 13 (11); Picture-Partners: S. 29 (22); Stanislav Fadyukhin: S. 13 (6); Stephen Dumayne: S. 6 (un ordinateur); Steve Shepard: S. 10 (unten); THEPALMER: S. 13 (14); tunart: S. 14 (unten) – © **panthermedia** / Alena Dvorakova: S. 29 (3 und 4); Aliaksandr Mazurkevich: S. 29 (25); Bernd Kunst: S. 13 (2); Carlos Santos: S. 18; Chee Siong Teh: S. 29 (2); Christian Jung: S. 29 (8); Gabriela Insuratelu: S. 13 (12); Ingvar Björk: S. 62; Konrad Steininger: S. 29 (24); Lucie Lang: S. 29 (19); Paul-François Gay: S. 13 (7) – © **Shutterstock** / Aerostato: S. 29 (16); alexander briel perez: S. 13 (3); Aprilphoto: S. 29 (1); dr OX: S. 13 (8); E. Spek: S. 13 (4); Eak: S. 29 (18); Elena Elisseeva: S. 13 (15); EM Arts: S. 29 (17); Erik Lam: S. 14 (5); Juriah Mosin: S. 34 (unten); Luiscar74: S. 32 (oben); Multiart: S. 29 (10); tarasov: S. 29 (5); titov dmitriy: S. 6 (le globe); Tomas Sereda: S. 13 (13); VeryOlive: S. 13 (10)

© **imago** / Bildwerk: S. 22; McPHOTO: S. 10 (oben) – © **Sipa** / DURAND FLORENCE: S. 29 (9, 12, 14, 15, 20); SIMON ISABELLE: S. 29 (13)

www.cornelsen.de

1. Auflage, 2. Druck 2015

Alle Drucke dieser Auflage sind inhaltlich unverändert
und können im Unterricht nebeneinander verwendet werden.

© 2014 Cornelsen Schulverlage GmbH, Berlin

Das Werk und seine Teile sind urheberrechtlich geschützt.
Jede Nutzung in anderen als den gesetzlich zugelassenen Fällen bedarf
der vorherigen schriftlichen Einwilligung des Verlages.
Hinweis zu den §§ 46, 52a UrhG: Weder das Werk noch seine Teile dürfen ohne eine
solche Einwilligung eingescannt und in ein Netzwerk eingestellt oder sonst öffentlich
zugänglich gemacht werden.
Dies gilt auch für Intranets von Schulen und sonstigen Bildungseinrichtungen.

Druck: Firmengruppe APPL, aprinta Druck, Wemding

ISBN 978-3-06-5201537